AF284546

Udo Ehrich studierte Politikwissenschaften an der Universität Bielefeld und untersuchte in seiner Master-Arbeit die interessengebundene Ideenagentur Initiative Neue Soziale Marktwirtschaft. Zu diesem Thema verfaßte er auch das Buch »INSM & Co.«.

http://www.politikfelder.de/

Udo Ehrich

Politikverflechtung im deutschen Föderalismus

Politikverflechtung im deutschen Föderalismus
Udo Ehrich

Bibliographische Information der Deutschen Nationalbibliothek: Die Deutsche Nationalbibliothek verzeichnet diese Publikation in der Deutschen Nationalbibliographie; detaillierte bibliographische Daten sind im Internet über www.dnb.de abrufbar.

Impressum:
Copyright: © 2020 Udo Ehrich
2. Auflage

Herstellung und Verlag:
BoD – Books on Demand, Norderstedt
http://www.bod.de/

ISBN: 978-3-7519-3063-5

Umschlagphoto: © 2003 Udo Ehrich

Inhalt

Einführung 6

Kurzzusammenfassung 8

1. Einleitung 10

2. Der Föderalismus in Deutschland 12

3. Die Theorie der Politikverflechtung 16

    3.1. Politikverflechtung 16

    3.2. Die Politikverflechtungsfalle 21

4. Reformvorschläge der Bertelsmann-Stiftung 23

5. Der Einfluß der Politikverflechtungstheorie auf die Reformvorschläge der Bertelsmann-Stiftung 28

6. Weitere Sichtweisen auf den Reformbedarf des Föderalismus 35

7. Fazit 39

Literaturverzeichnis 41

Einführung

Die vorliegende Seminararbeit »Politikverflechtung im deutschen Föderalismus« wurde im Jahr 2004 verfaßt, also bevor die Föderalismuskommissionen ihre Hand an das politische System legten. Seinerzeit verlief die Debatte in die Richtung, daß es mehr Wettbewerb zwischen den Bundesländern geben sollte und das Ziel der einheitlichen Lebensverhältnisse eher ein Hindernis für die Effizienz des politischen Systems bedeutete. Im Wettbewerb zwischen den Bundesländern sollten die besten politischen Lösungen für verschiedene Fragen gefunden werden. Die Zuständigkeiten zwischen Bund und Ländern sollten klar erkennbar sein, so daß die Wähler/innen ihre Regierungen an den Wahlurnen entsprechend belohnen oder bestrafen konnten.

Neben der Politik setzten sich auch lobbyistische Akteure wie der Konvent für Deutschland für eine Reform des Föderalismus ein, der von ehemaligen Politiker und Wirtschaftsfunktionären gegründet und von Wirtschaftsunternehmen finanziert wurde.[1] Die Trennung der Zuständigkeiten sollte nach Meinung nicht nur des Konvents beinhalten, daß die Abstimmungsregeln im Bundesrat geändert werden sollten, der als Blockadeinstrument der jeweiligen Opposition im Bundestag gesehen wurde, wenn diese über eine Mehrheit im Bundesrat verfügte.

Tatsächlich war es zwingend notwendig, daß der Bundesrat als Instrument der vertikalen Gewaltenteilung eine wirksame Blockadedrohung formulieren und die Blockade auch durchsetzen konnte, weil es ansonsten an der für die Kontrolle der Regierungsmehrheit im Bundestag notwendigen Drohkulisse gefehlt hätte.

Die Trennung der Zuständigkeiten zwischen Bund und

---

[1] Mehr zum Konvent für Deutschland u.a. in Ehrich, Udo: INSM & Co.

Ländern kam nun insbesondere im Bereich der Bildungspolitik, wo nach der Reform die Bundesländer das alleinige Sagen hatten und ein Kooperationsverbot seitens des Bundes in die Verfassung geschrieben wurde.

Im ausgehenden Jahr 2018 rang die Politik nun um die Aufhebung genau dieses seinerzeit als Segen empfundenen Kooperationsverbotes, weil es sich gerade im Hinblick auf die Sanierung und technische Ausstattung der Schulen als hinderlich erwiesen hatte. Jetzt befürchteten die Bundesländer, daß der Bund zu tief in ihre Kompetenzen eingreifen würde und riefen den Vermittlungsausschuß an. Insgesamt ließ sich jedoch feststellen, daß zumindest zum Teil ein Abschied vom politischen Trennungsprinzip zwischen Bund und Ländern eingeläutet wurde.

Der vorliegende Text aus der Zeit vor dieser Erkenntnis ist gerade in dieser Hinsicht interessant, weil er die Auffassungen und Einschätzung darstellt, die die Politik in Bund und Ländern auf den Irrweg zum Kooperationsverbot geführt haben. Er stellt dar, wie auch die einflußreiche Bertelsmann-Stiftung einmal mehr versuchte, Einfluß auf die Politik zu nehmen, und wie sehr sie die politische Debatte mitbestimmte.

Die Seminararbeit im Fach Politikwissenschaften im Bachelor-Studiengang an der Universität zu Bielefeld von 2004 erscheint hier im Originaltext. Lediglich die Zitierweise von vom amerikanischen zum deutschen Zitiersystem wurde geändert.

Kurzzusammenfassung

Die vorliegende Arbeit stellt zunächst die Funktionsweise des deutschen Föderalismus vor, so wie sie im Grundgesetz formuliert ist. Im Anschluß daran wird die Theorie der Politikverflechtung im deutschen Föderalismus dargestellt, sowie die Politikverflechtungsfalle.

Die Verflechtung im deutschen Föderalismus zeigt sich besonders bei den Gemeinschaftsaufgaben, die im Rahmen der großen Finanzverfassungsreform 1969 Eingang in das Grundgesetz fanden. Die Gemeinschaftsaufgaben waren auch das empirische Untersuchungsgebiet für die Theorie der Politikverflechtung, die 1976 von Fritz W. Scharpf, Bernd Reissert und Fritz Schnabel veröffentlicht wurden.

In einem Artikel von 1985 veröffentlichte Fritz W. Scharpf seine Überlegungen zur Politikverflechtungsfalle, nach der eine institutionelle Reform des politikverflochtenen Systems aus sich heraus unwahrscheinlich ist.

Hieran schließt sich die Vorstellung der Vorschläge der Bertelsmann-Kommission »Verfassungspolitik und Regierungsfähigkeit« mit ihren »Zehn Vorschlägen zur Optimierung der Regierungsfähigkeit im deutschen Föderalismus« an. Das wesentliche Anliegen der Kommission besteht in einer stärkeren Zuordnung der Verantwortlichkeit an die Ebenen von Bund, Ländern und Gemeinden. Die Politikverflechtung soll hierdurch überwunden und die diagnostizierte Reform-Blockade aufgehoben werden.

In einem Vergleich wird festgestellt, inwieweit sich die Theorie zur Politikverflechtung in den Vorschlägen der Bertelsmann-Stiftung niedergeschlagen hat, wobei sich in einigen Bereichen deutlich unterschiedliche Ausrichtung bei der Bewertung der Probleme und Lösungen zeigen.

Weitere Unterschiede zeigen sich bei der Betrachtung der Notwendigkeit der Reform des Föderalismus durch weitere Sichtweisen, in denen die Elemente, die als Ursache für die Blockade der Regierungspolitik auf Bundesebene betrachtet werden, als notwendige Einrichtungen der vertikalen Gewaltenteilung erscheinen.

In einem Fazit wird schließlich abgewogen, inwieweit Reformen möglich sind und der Bedarf besteht.

1. Einleitung

In den letzten Jahren ist der deutsche Föderalismus und insbesondere der Bundesrat verstärkt in das öffentliche Interesse gerückt. Parteipolitisch gegensätzliche Mehrheiten in Bundestag und Bundesrat haben die Diskussion um Politikblockade und Politikverflechtung nicht zuletzt auch angesichts der Reformpolitik der Regierung Schröder unter der Überschrift »Agenda 2010« in den Vordergrund gerückt. »Durch den Zwang zur Konsensbildung trügen der Föderalismus und insbesondere der Bundesrat dazu bei, dass schnelle und effiziente Entscheidungen - gerade in Zeiten erhöhten Reformdrucks - unmöglich seien«.[2] Verschiedene Medien und Verbände beklagen eine Regierungsunfähigkeit, die durch den Föderalismus bedingt sei, weswegen auch eine Reform des Föderalismus dringend notwendig sei.

Im Oktober 2003 setzen Bundestag und Bundesrat eine gemeinsame Bundesstaatskommission ein, die die Modernisierung der bundesstaatlichen Ordnung zum Ziel hat. In ihr wirken neben Vertretern von Bundestag und Bundesrat auch Vertreter der Wissenschaft mit. Bis zum Jahresende soll die Bundesstaatskommission ihre Vorschläge zur Reform des Föderalismus vorlegen.

Bereits im Vorfeld dieser Kommission setzte die Bertelsmann-Stiftung die Kommission »Verfassungspolitik & Regierungsfähigkeit« ein und erarbeitete »zehn Vorschläge zur Optimierung der Regierungsfähigkeit im deutschen Föderalismus«, die mit diesem Untertitel unter dem Namen »Entflechtung 2005« veröffentlicht wurden.

In der vorliegenden Arbeit sollen die Vorschläge der Bertelsmann-Stiftung zur Reform des Föderalismus vorgestellt und anhand der Theorie zur Politikverflechtung untersucht werden.

---

[2] Lhotta, Roland: Zwischen Kontrolle und Mitregierung S. 16

Dabei wird zunächst ein kurzer Überblick über den deutschen Föderalismus, wie er im Grundgesetz verankert ist, gegeben sowie über die Rolle des Bundesrates in der Bundesgesetzgebung. Anschließend werden die Theorieansätze zur Politikverflechtung vorgestellt, welcher sich ein Überblick über die Vorschläge der Bertelsmann-Stiftung zur Reform des deutschen Föderalismus anschließt.

In der Folge werden diese Vorschläge anhand der Politikverflechtungstheorie auf die Aspekte hin untersucht, inwieweit diese Theorie in den Vorschlägen berücksichtigt wurden, und welche Unterschiede in der Problembetrachtung und bei den Lösungsansätzen bestehen.. Dabei soll auch die Frage untersucht werden, inwieweit auch die Theorie der Politikverflechtungsfalle nach Fritz W. Scharpf heute noch relevant ist.

Zum Abschluß sollen weitere Sichtweisen auf die Frage der Notwendigkeit zur Reform des deutschen Föderalismus dargestellt werden, insbesondere die Problematik des vorgeblich zunehmenden Einflusses des Bundesrates auf die Bundesgesetzgebung. Abschließend sollen die Ergebnisse dieser Arbeit in einem Fazit bewertet werden.

2. Der Föderalismus in Deutschland

Die Festlegung des Systems in Deutschland auf den Föderalismus erfolgt im Artikel 20 Absatz 1 des Grundgesetzes: »Die Bundesrepublik Deutschland ist ein demokratischer und sozialer Bundesstaat« (Art. 20 Abs. 1 GG) Durch den Bundesrat wirken die Bundesländer an der Bundesgesetzgebung mit (Art. 50 GG). Der Bundesrat besteht aus Mitgliedern der Landesregierungen, wobei die Anzahl der Stimmen eines jeden Landes von der Bevölkerungsgröße des Bundeslandes abhängt (Art. 51 Abs. 1 und 2 GG). Jedes Land hat jedoch mindestens drei und höchstens sechs Stimmen, die nur einheitlich abgegeben werden können (Art. 51 Abs. 3 GG).

Im Rahmen der Mitwirkung an der Bundesgesetzgebung kennt die Verfassung zwei Möglichkeiten des Bundesrates, nämlich die der zustimmungspflichtigen Gesetze[3] und die der Gesetze, bei denen der Bundesrat Einspruch einlegen kann. Legt der Bundesrat mit der absoluten Mehrheit seiner Stimmen Einspruch gegen ein Gesetz ein, muß der Bundestag den Einspruch mit der absoluten Mehrheit seiner Stimmen zurückweisen. Wird der Einspruch mit einer 2/3-Mehrheit eingelegt, so muß dieser ebenfalls vom Bundestag mit 2/3-Mehrheit abgewiesen werden. (Art. 77 Abs. 3 und 4 GG). Kommt im Bundestag die entsprechende Mehrheit, die zur Zurückweisung des Einspruchs notwendig ist, nicht zustande, ist das Gesetz gescheitert.

Insofern werden nicht nur die zustimmungspflichtigen Gesetze dem Bundesrat zugeleitet, sondern jedes Gesetz, welches im Bundestag beschlossen wird, ergeht auch an den Bundesrat zur Stellungnahme. Billigt der Bundesrat das Gesetz, wird es über die Bundesregierung an den Bundespräsidenten zur Ausfertigung weiterge-

---

[3] unter anderen Art. 84 und 85, sowie 104, 105 und 107 GG, vgl. auch Kilper, Heiderose und Roland Lhotta: Föderalismus in der Bundesrepublik Deutschland. S. 113

leitet. Legt er einen Antrag auf Beratung ein, geht das Gesetz, auch wenn es nicht zustimmungspflichtig ist, an den Vermittlungsausschuß, welcher Vorschläge zur Änderung ausarbeitet, die dann wiederum dem Bundestag zur Beschlußfassung zugeleitet werden, und anschließend wieder zurück in den Bundesrat eingebracht werden. Billigt der Bundesrat das Gesetz, kann es über die Regierung zum Bundespräsidenten zur Ausfertigung und Verkündung weitergeleitet werden. Legt jedoch der Bundesrat Einspruch ein, muß dieser vom Bundestag überstimmt werden, ansonsten ist das Gesetz gescheitert.[4]

Die Zuständigkeiten im Rahmen der ausschließlichen und konkurrierenden Gesetzgebung sind in den Artikeln 70 bis 74 des Grundgesetzes geregelt. In der ausschließlichen Gesetzgebung haben die Bundesländer nur dann Gesetzgebungsbefugnis, wenn sie hierzu ausdrücklich in einem Bundesgesetz ermächtigt werden (Art. 71 GG).

Im Rahmen der konkurrierenden Gesetzgebung hingegen haben die Länder die Befugnis zur Gesetzgebung, »solange und soweit der Bund von seiner Gesetzgebungszuständigkeit nicht durch Gesetz Gebrauch gemacht hat« (Art. 72 Abs. 1 GG). Eingriffsrechte in diesen Bereich hat der Bund nur im Interesse der Herstellung gleichwertiger Lebensverhältnisse, oder zur Herstellung der Rechts- und Wirtschaftseinheit des Landes (Art. 72 Abs. 2 GG). Die Gebiete der ausschließlichen Gesetzgebung und der konkurrierenden Gesetzgebung werden in den Artikeln 73 und 74 gegeneinander abgegrenzt.

In der Fassung des Artikels 72 Absatz 2 GG, wie sie bis zum 15. November 1994 galt, war ein Katalog vorgese-

---

[4] Kilper, Heiderose und Roland Lhotta: Föderalismus in der Bundesrepublik Deutschland. S. 122-124

hen, der besagte, in welchen Fällen das Bedürfnis bestand, daß der Bund eine Angelegenheit des Landesgesetzgebers regelt. Diese Bedürfnisklausel im Artikel 72 Absatz 2 GG alter Fassung, sollte eigentlich ein Schutz des Landesgesetzgebers sein, erwies sich jedoch in der Praxis als unwirksam, weil der Bund nahezu immer argumentieren konnte, daß die Herstellung der Einheitlichkeit der Lebensverhältnisse einen Akt der Bundesgesetzgebung erforderte. Weil der Bundesgesetzgeber in dieser Frage auch vom Verfassungsgericht unterstützt wurde, konnte er die konkurrierende Gesetzgebung überwiegend zu seiner Sache machen.[5]

Die Ausführung von Bundesgesetzen erfolgt durch die Länder »als eigene Angelegenheit« (Art. 83 GG). Der Bund kann jedoch allgemeine Verwaltungsvorschriften mit Zustimmung des Bundesrates erlassen und darüber hinaus eine Rechtsaufsicht über die Ausführung der Gesetze durch die Landesverwaltungen führen.[6]

Die Bundesverwaltung ist auf wenige Bereiche begrenzt (Art. 87 Abs. 1 GG). Jedoch ist es dem Bund möglich, »für Angelegenheiten, für die dem Bunde die Gesetzgebung zusteht, selbständige Bundesoberbehörden und neue bundesunmittelbare Körperschaften und Anstalten des öffentlichen Rechtes durch Bundesgesetz« (Art. 87 Abs. 3 GG) einzurichten.

Somit trennt der deutsche Föderalismus die Zuständigkeiten von Bund und Ländern weniger nach Sachgebieten als nach Staatsfunktionen.[7]

Bei den Finanzbeziehungen zwischen Bund und Ländern wirkt sich dieser Umstand auch dadurch aus, daß

---

[5] Kilper, Heiderose und Roland Lhotta: Föderalismus in der Bundesrepublik Deutschland. S. 101-102
[6] Kilper, Heiderose und Roland Lhotta: Föderalismus in der Bundesrepublik Deutschland. S. 102
[7] vgl. Kilper, Heiderose und Roland Lhotta: Föderalismus in der Bundesrepublik Deutschland. S. 101

es über lange Zeit einen Streit um die Frage gab, ob die Finanzierung der Umsetzung von Bundesaufgaben durch die Verwaltungen der Länder Aufgabe der gesetzgeberischen Ebene ist, die das Gesetz veranlaßt hat, oder ob die Verwaltungsaufgaben durch die Länder zu finanzieren sind, denen die Umsetzung des Gesetzes obliegen. Hinzu kommt, daß die Verfassung zwar Steuern den unterschiedlichen Ebenen von Bund und Ländern zuweist, jedoch die Steuergesetzgebung weitgehend beim Bund angesiedelt ist.[8]

---

[8] vgl. Kilper, Heiderose und Roland Lhotta: Föderalismus in der Bundesrepublik Deutschland. S. 105-106

3. Die Theorie der Politikverflechtung

Zur Frage der Politikverflechtung haben sich im Laufe
der Zeit mehrere Autoren eingelassen. Die Theorie
selbst geht auf eine Arbeit von Fritz Scharpf zusammen
mit Bernd Reissert und Fritz Schnabel aus dem Jahr
1976 zurück, in der die Politikverflechtung von Bund
und Ländern untersucht wurde. Fritz Scharpf hat darüber hinaus seine These von der Politikverflechtungsfalle entwickelt.

3.1. Politikverflechtung

Die Politikverflechtungstheorie rückt die »Interaktion
zwischen dezentralen und zentralen Entscheidungsein-
heiten selbst in den Mittelpunkt des wissenschaftlichen
Interesses«.[9]

Dabei wird auf die im Grundgesetz angelegte Verflechtung zwischen Bund und Ländern verwiesen, die
durch die funktionale Aufgabenteilung bei der Gesetzgebung zustande kommt, und den zu der Zeit noch
neueren Mustern der Verflechtung im Rahmen der 1969
geschaffenen Gemeinschaftsaufgaben.

Durch die Kompetenzverteilung auf die verschiedenen
Ebenen findet eine Disziplinierung der Ansprüche an
den Staat statt. Wer etwas erreichen will, muß sich auf
die verschiedenen Ebenen innerhalb der Politikverflechtung einlassen.[10]

Die Politikverflechtung ist dem Umstand geschuldet,
daß sich Mehr-Ebenen-Probleme nicht durch Ein-Ebe-
nen-Entscheidungen lösen lassen. Hierauf reagiert der
föderal gegliederte Staat mit der Verflechtung zwischen
den Entscheidungsebenen, weil eine reine Zentralisie-

---

[9] Scharpf, Fritz W., Bernd Reissert und Fritz Schnabel: Politikverflechtung. S. 28
[10] ebd. S. 18-20

rung oder eine reine Dezentralisierung der Entscheidungen zu suboptimalen Ergebnissen für die Gesamteinheit führen würde.[11]

Bei den Verflechtungsarten unterscheidet Fritz W. Scharpf drei Möglichkeiten: Die horizontale Verflechtung, die hierarchische Verflechtung und die Verbundsysteme (vertikale Verflechtung).

Die horizontale Verflechtung beschreibt die Selbstkoordination der verflechtungsbedürftigen dezentralen Einheiten einer Ebene. Als Beispiel wäre hier die Selbstkoordination der Bundesländer im Rahmen der Kultusministerkonferenz zu nennen.

Mit der hierarchischen Politikverflechtung wird ein die dezentralen Ebenen umfassendes Kollektiv (zum Beispiel die Bundesebene in Deutschland) vorausgesetzt, welche in der Lage ist, Steuerungsprogramme selbst zu formulieren und zu beschließen. Sie kann dabei »auf die Informationsbestände der Untereinheiten zurückgreifen, ist für ihre Entscheidung jedoch nicht formell oder materiell auf deren Konsens angewiesen«.[12] Das Auftreten dieser Form der Verflechtung sei jedoch im föderalen System der Bundesrepublik eher unwahrscheinlich.

Als dritte Politikverflechtungsart werden die Verbundsysteme (vertikale Politikverflechtung) genannt. Hier ist das umfassende Kollektiv bei den Entscheidungen auf den Konsens mit den dezentralen Ebenen angewiesen. Insbesondere diese Form der Politikverflechtung soll die negativen Folgen verhindern oder mindern, die durch reine Dezentralisierung oder reine Zentralisierung entstehen. Auch hier ist der Informationsaustausch zwischen den Ebenen gewährleistet.[13]

---

[11] ebd. S. 29
[12] ebd. S. 35
[13] Zu den Verflechtungsarten: Scharpf, Fritz W., Bernd Reissert und

Dabei werden bei der Bearbeitung der Probleme vier Problemstrukturen unterschieden: Niveauprobleme, bei denen entweder zu viele oder zu wenige Aktivitäten produziert werden, Niveaufixierungs-Probleme, bei »denen es darauf ankommt, ein bestimmtes Aktivitätenniveau weder zu unterschreiten noch zu überschreiten«,[14] Verteilungsprobleme, bei denen die Verteilung von Ressourcen im Mittelpunkt steht, und Interaktionsprobleme, bei denen die Verarbeitung übergreifender Probleme im Mittelpunkt steht, wie zum Beispiel effektiv problemlösende Regionalentwicklungs-Strategien.[15]

Mit der großen Finanzverfassungsreform von 1969 wurde die Mischfinanzierung legalisiert, die seit den 50er Jahren praktiziert wurde, vom Grundgesetz jedoch nicht gedeckt war. Mit dieser Reform sollte das bis dahin unkoordinierte Vorgehend zwischen Bund und Ländern zu einem »kooperativen Föderalismus« koordiniert werden.[16] Auch wurde durch diese Reform mit der Einführung der »Gemeinschaftsaufgaben« die Politikverflechtung verfassungsmäßig abgesichert.

Ziel des Bundes war, stärkeren Einfluß auf die öffentlichen Investitionen zu bekommen, für die er vorher nur zu knapp 20% zuständig war. Es ging somit um »stärkeren Einfluß auf den Zeitverlauf und die Konjunkturwirksamkeit der öffentlichen Investitionen«.[17]

Jedoch profitierten auch Länder und Kommunen von der durch diese Entscheidung zunehmenden Politikverflechtung: Zu den Vorteilen zählt auch die Frage der Zurechenbarkeit von Verantwortung nach dem Prinzip »geteiltes Leid ist halbes Leid, geteilte Freude ist dop-

---

Fritz Schnabel: Politikverflechtung. S. 34-36
[14] ebd. S. 26
[15] ebd. 26-27
[16] Kilper, Heiderose und Roland Lhotta: Föderalismus in der Bundesrepublik Deutschland. S. 196
[17] Scharpf, Fritz: Optionen des Föderalismus in Deutschland und Europa. S. 16

pelte Freud«.[18] Die Finanzierung eines Projektes wird halbiert oder gedrittelt, von den politischen Vorteilen können jedoch Bundestagsabgeordnete ebenso profitieren wie Landes- oder Kommunalpolitiker. Auf der anderen Seite kann die politische Verantwortung für unpopuläre Entscheidungen oder Fehlschläge verwischt werden.

Dies führt dazu, daß Vorhaben, die ausschließlich von einer Ebene finanziert und verantwortet werden müssen, für die Beteiligten nicht attraktiv sind und eine »Überverflechtung« stattfindet, also mischfinanzierte Projekte auch dort fortgesetzt werden, nachdem ihre ursprüngliche Rechtfertigung entfallen ist.[19]

Die charakteristischen Problemlösungsdefizite der Politikverflechtung lassen sich aus zwei institutionellen Bedingungen ableiten, nämlich »aus der Tatsache, daß die Entscheidungen auf der höheren Ebene von der Zustimmung von Regierungen der unteren Entscheidungsebene abhängig sind«[20] und der Notwendigkeit der Einstimmigkeit oder quasi Einstimmigkeit der Zustimmung.[21]

Zu den Problemen bei der Informationsverarbeitung und Konfliktregelung zählt dabei auch dieser Umstand, daß mit der steigenden Zahl der Mitentscheider, sowie der steigenden Zahl von Alternativen, über die entschieden werden muß, auf der Grundlage der Notwendigkeit der Einstimmigkeit oder quasi-Einstimmigkeit die Wahrscheinlichkeit von nicht-Einigung steigt.[22]

Anhand der Bildungsplanung läßt sich nach Scharpf die

---

[18] ebd. S. 26
[19] ebd. S. 26-27
[20] ebd. S. 25
[21] ebd.
[22] Scharpf, Fritz W., Bernd Reissert und Fritz Schnabel: Politikverflechtung. Seite 42-45

Selbstblockierung der Politikverflechtung demonstrieren. Im Zuge der Bildungsplanung war es Bund und Ländern zwar möglich, einen »Bildungsgesamtplan« zu entwerfen, der die notwendige Mehrheit beim Bundeskanzler und unter den Ministerpräsidenten jedoch nicht fand. Im Rahmen der anschließenden Verhandlungen wurde das Konzept durch die Finanzminister zusammengestutzt und schließlich der Bildungsrat aufgelöst.

Es zeigte sich hier zunächst, daß durch eine Konjunktur von Problemthemen, in diesem Falle der »Bildungskatastrophe«, die Konsensbereitschaft der beteiligten Ebenen zunächst gestiegen war. Weil die Informationsbeschaffung zur Lösung der Probleme sich länger hinzog als die Konjunktur des Problemthemas, es für die Länder auch nicht um zusätzliche Bundesmittel ging, erlahmte die Konsensbereitschaft wieder als das Thema im öffentlichen Bewußtsein an Bedeutung verlor.[23]

Damit läßt sich grundsätzlich sagen, daß in der Politikverflechtung sowohl Vorteile als auch Nachteile liegen. Die Möglichkeit des Informationsaustausches, sowie die Bearbeitung von Mehr-Ebenen-Problemen wird durch die Politikverflechtung erleichtert, jedoch schränken sich die Handlungsmöglichkeiten eines politikverflochtenen Systems ein, je mehr Akteure einbezogen werden, deren Zustimmung notwendig ist, und je mehr Alternativen existieren, zwischen denen entschieden werden kann oder muß. In einer Erweiterung der Theorie zur Politikverflechtung hat Fritz W. Scharpf den Begriff der »Politikverflechtungsfalle« geprägt.

---

[23] Scharpf, Fritz W., Bernd Reissert und Fritz Schnabel: Politikverflechtung. S. 51 und Scharpf, Fritz: Optionen des Föderalismus in Deutschland und Europa. S. 16-17

3.2. Die Politikverflechtungsfalle

Die Theorie der Politikverflechtungsfalle entwickelte Fritz W. Scharpf in einem Artikel aus dem Jahr 1985 in der Politischen Vierteljahreszeitschrift anhand eines Vergleichs der Europäischen Integration und des deutschen Föderalismus. Im Folgenden sollen nur die für den deutschen Föderalismus relevanten Passagen aus dem Aufsatz »Die Politikverflechtungfalle« zusammengefaßt werden.

Die bereits oben eingeführten Erläuterungen zu den institutionellen Bedingungen der charakteristischen Problemlösungsdefizite der Politikverflechtung führen dazu, daß die Konzepte, die von der Bundesregierung vorgelegt werden, in den Verhandlungen mit den Bundesländern verwässert werden.[24] Hinzu kommt ein »institutionelles Eigeninteresse der Landesregierungen an der Erhaltung und Erweiterung ihres Bestandes an Ressourcen und Kompetenzen«,[25] die dazu führen kann, daß das die Wahrung der eigenen institutionellen Einflußmöglichkeiten Vorrang vor repräsentierten gesellschaftlichen Interessen erringen können.

Hierauf gründet letztendlich auch die Politikverflechtungsfalle: Sie zeigt sich in der Unfähigkeit der politikverflochtenen Ebenen, die Selbstblockade zu lösen, weil sie eben nicht in der Lage sind, die institutionellen Reformen zu beschließen, die diese Blockade überwinden könnte.[26] Weil die institutionellen Interessen der Beteiligten an Erhalt ihres Veto-Vorbehalts überwiegen, richtet sich das politikverflochtene System lieber in einem »lokalen Optimum« mit einer Entscheidungs-

---

[24] Scharpf, Fritz: Optionen des Föderalismus in Deutschland und Europa. S.25-26
[25] ebd. S. 25
[26] ebd. S. 42

struktur ein, welche »ineffiziente und problem-unange-
messene Entscheidungen erzeugt«.[27] Somit wäre ein
politikverflochtenes System aus sich selbst heraus nicht
in der Lage, sich zu reformieren, weil bei einer solchen
Reform zumindest kurzfristig die Interessen einzelner
Beteiligter verletzt würden.

---

[27] ebd. S. 44

4. Reformvorschläge der Bertelsmann-Stiftung

Die Bertelsmann-Stiftung hat im Jahr 2000 unter dem Titel »Entflechtung 2005« Zehn Vorschläge zur Reform des Bundesstaates unterbreitet. Darin erklärt die Bertelsmann-Stiftung, daß ihr Projekt »Verfassungspolitik & Regierungsfähigkeit« drei Ziele verfolgt, nämlich die Entscheidungskompetenzen im Föderalismus zu klären, die Handlungs- und Entscheidungsfähigkeit des politischen Systems zu verbessern und dabei die Prinzipien von Susbsidiarität und Dezentralität zu fördern.[28]

Den zehn Vorschlägen zur Föderalismus-Reform stellen die Autoren fünf übergreifende Maßstäbe[29] für die Reformen voran, welche sind:

- *Klare Zuordnung von Verantwortung*, denn hier ist die Bertelsmann-Kommission der Auffassung, daß zur Zeit für die Wähler durch die enge Politikverflechtung nicht mehr nachvollziehbar ist, welche zwischen Bund und Ländern die Verantwortung trägt;

- *Durchschaubarkeit der politischen Strukturen*, denn durch die zunehmende Verflechtung der Ebenen im föderalen System seien auch die Entscheidungsprozesse für die Bürger nicht mehr durchschaubar;

- *Verbesserung der Beteiligungsmöglichkeiten*, die zum einen dadurch erreicht werden soll, daß die Bürger Verantwortung für politische Entscheidungen besser zurechnen können, zum anderen, daß die politische Verantwortung auf einer möglichst niedrigen Entscheidungsebene angesiedelt werden soll. Die Kommission argumentiert hier, daß die Stimme

---

[28] vgl. Bertelsmann-Stiftung: Entflechtung 2005. S. 10
[29] Maßstäbe: vgl. ebd. S. 17-20

der Wähler auf der kommunalen Ebene deutlich mehr Gewicht habe als auf der Bundesebene;

- *Stärkung der Entscheidungsfähigkeit*, die nach Ansicht der Kommission durchaus im Widerspruch zu anderen der genannten Maßstäbe stehen kann. Denn »um die Effizienz der Entscheidungsprozesse zu erhöhen, kann es geboten sein, ein geringeres Maß an Beteiligung oder eine höhere Entscheidungsebene zu wählen, als von der Sache her nötig ist«.[30]

- *Wahrung der Gemeinschaftlichkeit*, mit dem verhindert werden soll, daß sich einige Länder auf Kosten anderer Länder entwickeln. Zwar wird keine vollständige Gleichheit der Lebensverhältnisse gefordert, jedoch dürften die Unterschiede nicht zu groß werden und sollten sich im Rahmen eins »solidarischen Wettbewerbsföderalismus«[31] bewegen.

Anhand dieser Maßstäbe entwickelte nun die Bertelsmann-Kommission ihre zehn Vorschläge zur Reform des Föderalismus, die nun im Folgenden kurz vorgestellt werden sollen.

Um die Transparenz der Entscheidungsverantwortlichkeiten zu erhöhen, schlägt die Bertelsmann-Kommission eine Grundsatzgesetzgebung vor, die die gegenwärtige Rahmengesetzgebung ablösen soll. Als Begründung wird ins Feld geführt, daß der Bund in der Rahmengesetzgebung sehr viele Details vorgibt, die die Länder binden. Weil die Länder jedoch über ihre Landesregierungen im Bundesrat an der Gesetzgebung beteiligt sind, findet hier auch eine Selbstbindung der Länder statt. Diese soll durchbrochen werden, in dem der Bund nur die Grundsätze regelt, während die konkrete Ausgestaltung der Grundsätze den Ländern überlassen wird.

---

[30] vgl. ebd. S. 19
[31] ebd. S. 20

Die Entscheidung, ob die Länder von der Möglichkeit der Ausgestaltung der Grundsatzgesetzgebung Gebrauch machen, soll im Ermessen der Länder liegen. Die Bertelsmann-Kommission verspricht sich von einer solchen Vorgehensweise, daß die Entscheidungen und ihre Folgen durch die Bevölkerung leichter den Verantwortlichen zugeordnet werden können..

In eine ähnliche Richtung geht auch der zweite Vorschlag der Kommission, im Rahmen der konkurrierenden Gesetzgebung mehr Kompetenzen auf die Länder zu übertragen und ihnen zu ermöglichen, Bundesgesetze zu ergänzen oder komplett durch Landesrecht zu ersetzen. Innerhalb von drei Monaten nach dem Erlaß des Gesetzes sollen Bundesrat oder Bundestag die Möglichkeit eines Einspruchs gegen den Gesetzesbeschluß haben.

Einen Schritt weiter geht dann der dritte Vorschlag, der die Vorrangregelung des Bundesrechts vor Landesrecht aufheben will. Statt dessen soll ein Kriterienkatalog entwickelt werden, anhand dessen jeder Einzelfall entschieden werden soll. Bundesrecht soll Landesrecht nur dort brechen, »wo dies tatsächlich im Interesse der Gleichwertigkeit der Lebensverhältnisse erforderlich ist«.[32] Es soll eine Situation geschaffen werden, in der das beste Modell von den anderen Ländern übernommen wird. Mit dem vierten Vorschlag bekräftigt die Kommission die Notwendigkeit, mehr Kompetenzen in die Länderhände zu geben und betont erneut ihre bisherigen Vorschläge in dieser Richtung. Es sollen mehr Kompetenzen, die zur Zeit durch die Bundesebene wahrgenommen werden, durch die Länder erfüllt werden, gegebenenfalls wird ein Positivkatalog für die Bundesgesetzgebung in Betracht gezogen.

---

[32] ebd. S. 26

Als letzten Vorschlag bezüglich der Ausweitung der Kompetenzen auf die Länder schlägt die Kommission vor, daß die Möglichkeiten der Bundesländer erweitert werden, regional sowohl über die Grenzen der Bundesländer hinweg Staatsverträge zu schließen, als auch über die Landesgrenzen Deutschlands hinweg in Grenzregionen.

Mit den sechsten und siebten Vorschlägen wendet sich die Bertelsmann-Kommission dem Bundesrat und den Abstimmungsmodi zu. Als einen Ansatz zur Auflösung des »Reformstaus« wird angeregt, die Zustimmungspflicht zu verändern, sowie das Abstimmungsverfahren so zu gestalten, daß Enthaltungen nicht mehr als Nein-Stimmen wirken.

Bei der Änderung der Zustimmungspflicht wird angeregt das Grundgesetz dahingehend zu ändern, die Trennungstheorie einzuführen, also die Zustimmungspflicht nur auf die Teile eines Gesetzes zu beschränken, die die Länderinteressen tatsächlich betreffen, oder gar die Zustimmungspflicht für bestimmte Bereiche ganz aufzuheben. Einer Verfassungsänderung in diesem Bereich wird jedoch eine geringe Chance eingeräumt. Deshalb empfiehlt die Kommission, bereits im heute möglichen Rahmen Gesetze zu entwerfen, die keine Zustimmungspflicht auslösen.

Ebenfalls um die »Blockade« im Bundesrat aufzuheben empfiehlt die Kommission, die in Art. 52 Abs. 3 Satz 1 GG festgeschriebene Erfordernis der absoluten Mehrheit der Stimmen im Bundesrat aufzuheben, und durch eine relative Mehrheit zu ersetzen. Dies würde Landesregierungen ermöglichen, ihre Distanz zu Gesetzen mit einer Enthaltung zu zeigen, ohne daß die Enthaltung wie eine Nein-Stimme wirkt.

In den Vorschlägen acht bis zehn spricht sich die Kommission für eine Neuordnung der Finanzbeziehungen zwischen Bund und Ländern auf. Am Beispiel des

Hochschulbaus wird die Abschaffung der 1969 eingeführten Gemeinschaftsaufgaben gefordert, bei der Bund
und Länder Aufgaben der Länder gemeinsam finanzieren, wodurch sich der Bund ein Mitspracherecht gesi-
chert hat Darüber hinaus wird eine Verbesserung steu-
erpolitischer Gestaltungsmöglichkeiten für die Länder
gefordert. Zur Stärkung der Eigenverantwortung und
dem föderalen Wettbewerb zwischen den Ländern wird
zwar ein Trennsystem bei den Steuern befürwortet, wie
es ursprünglich im Grundgesetz vorgesehen war, jedoch
wegen der zu erwartenden Probleme bei der Umsetzung
verworfen. Statt dessen wird angeregt, den Ländern
einen Landes-Einkommenssteuertarif zuzugestehen, den
die Länder in ihrer Höhe selbst bestimmen könnten.
Dadurch müßte ein Bundesland mit höherem Tarif den
Bürgern erklären, warum der Tarif höher sei als in anderen Bundesländern. Zudem sollen Gesetzgebungs- und
Ertragshoheit verschiedener anderer Steuern wieder bei
den Ländern zusammenfallen.

Mit dem zehnten und letzten Vorschlag wird eine Reform des Länderfinanzausgleichs gefordert, die Solida-
rität und Wettbewerb stärken soll. Hierzu schlägt die
Kommission einige Änderungen bei der Verteilung der
Steuern vor, insbesondere die hälftige Verteilung der
Lohnsteuer auf das Wohnsitzland und Arbeitsstätten-
land. Beim Länderfinanzausgleich wird gefordert, daß
bei überdurchschnittlicher Finanzkraft höchsten 50%
abgeschöpft und bei den finanzschwachen Ländern
aufgefüllt werden soll. Dies erhöhe den Anreiz zur
Steuerquellenpflege. Die Bundesergänzungszuweisung
soll komplett entfallen bis auf Sonderzuweisungen zum
Beispiel an die neuen Länder.[33]

---

[33] Zu den Vorschlägen: Bertelsmann-Stiftung: Entflechtung 2005. S.
21-39

5. Der Einfluß der Politikverflechtungstheorie auf die Reformvorschläge der Bertelsmann-Stiftung

Im Folgenden wird nun untersucht, welchen Einfluß die Theorie der Politikverflechtung und der Politikverflechtungsfalle auf die Vorschläge der Bertelsmann-Stiftung haben, sowie welche Teile der Vorschläge Anregungen geben, die in diesen Theorien beschriebenen Probleme zu lösen.

Zunächst sollen die übergreifenden Maßstäbe für die Reform betrachtet werden, die von der Kommission »Verfassungspolitik & Regierungsfähigkeit« der Bertelsmann-Stiftung aufgestellt wurden, und aus denen sich die Reformvorschläge ableiten.

Bereits mit dem ersten Maßstab, der *klaren Zuordnung von Verantwortung* folgt die Kommission einer Argumentation aus der Theorie der Politikverflechtung, wenngleich jedoch in erster Linie in einem negativen Zusammenhang. In der Theorie zur Politikverflechtung wird als Vorteil für die beteiligten Politiker und Ebenen genannt, daß »geteiltes Leid halbes Leid und geteilte Freude doppelte Freud«,[34] also die Finanzierung geteilt wird, während jede Ebene für sich den Erfolg reklamieren kann. Auf die Möglichkeit zur »Diffusion der politischen Verantwortung für Fehlschläge und für unpopuläre Entscheidungen«[35] wird zudem hingewiesen. Es ist also zu sagen, daß sich dieser Maßstab der Kommission auf die Abhilfe des beschriebenen Sachverhaltes zielt, ebenso wie der zweite Maßstab der *Durchschaubarkeit politischer Strukturen*, der sich im Kern auch auf die bereits erwähnte Diffusion politischer Verantwortung bezieht.

---

[34] Scharpf, Fritz: Optionen des Föderalismus in Deutschland und Europa. S. 26
[35] ebd.

Mit dem Maßstab *Stärkung der Entscheidungsfähigkeit* wird ebenfalls Bezug auf die Theorie der Politikverflechtung genommen insofern, als daß auf die Verflechtung der Entscheidungsebenen hingewiesen wird, die entflochten werden sollen. Mit dem fünften und letzten Maßstab *Wahrung der Gemeinschaftlichkeit* wird das »Modell eines solidarischen Wettbewerbsföderalismus«[36] angestrebt, welches sich in dieser Form nicht aus der Politikverflechtungstheorie herleitet.

In einzelnen auf diesen Maßstäben fußenden Vorschläge der Kommission »Verfassungspolitik & Regierungsfähigkeit« der Bertelsmann-Stiftung finden sich diese und weitere Elemente der Theorie der Politikverflechtung.

Einen klassischen Bezug auf die Theorie der Politikverflechtung findet sich in den Vorschlägen zur Veränderung der Zustimmungsbedürftigkeit von Gesetzen durch den Bundesrat. Kritisiert wird hier wie auch in der Theorie zur Politikverflechtung die unzureichende Entscheidungsfähigkeit, die suboptimale Lösungen zur Folge hat. Mit einer Strategie der »Minimierung des Konsensbedarfs«[37] durch eine »Verminderung der Zahl der notwendigen Beteiligten«[38] soll hier eine Entflechtung bewirkt werden, entweder durch eine Änderung der Mehrheitsanforderung von der Notwendigkeit zur absoluten Mehrheit hin zu einer relativen Mehrheit oder aber durch eine Reduktion der zustimmungsbedürftigen Gesetze.[39]

Einer solchen Strategie wird jedoch wenig Erfolg beschieden sein, denn es ist im Rahmen der Politikverflechtungsfalle ausgeschlossen, »daß einmal institutio-

---

[36] Bertelsmann-Stiftung: Entflechtung 2005. S. 20
[37] Scharpf, Fritz W., Bernd Reissert und Fritz Schnabel: Politikverflechtung. S. 54
[38] ebd. S. 55
[39] Bertelsmann-Stiftung: Entflechtung 2005. S. 31-33

nalisierte Mitwirkungsrechte den Ländern ohne gleich-
wertige Kompensation wieder genommen werden
könnten«.[40] Diese Politikverflechtungsfalle soll nach
den Vorstellungen der Kommission dadurch umgangen
werden, daß den Ländern wieder mehr Gesetzgebungskompetenzen eingeräumt werden, die eine Mitregierung
der Länder auf der Bundesebene überflüssig machten,
und den entsprechenden Ausgleich darstellten. Beide
Akteure, sowohl der Bund als auch die Länder, würden
davon profitieren: »Der Bund wäre seltener auf die
Zustimmung der Länder angewiesen, und die Länder
könnten in Gesetzgebung und politischer Gestaltung
eigene Wege erproben.«.[41]

Die Stärkung der Kompetenzen der Länderparlamente
würde auf der anderen Seite auch ein Ende der Be-
quemlichkeit für die Länderparlamente bedeuten, die
einheitlichen Regelungen des Bundes abzuwarten statt
»sich selbst der Mühe einer möglicherweise gegenüber
Bund und anderen Ländern konfliktträchtigen eigenen
Regelung auszusetzen«,[42] ein Verhalten, welches den
ein oder anderen Kritiker der Länderparlamente dazu
veranlaßte, diese als »staatsnotarielle Ratifikationsäm-
ter«[43] zu bezeichnen. die nur noch die Vorlagen ab-
nicken, welche ein Ergebnis der Verhandlungen der
Landesregierungen untereinander oder mit dem Bund
sind..

Als ein weiteres Feld der Stärkung der Kompetenzen
der Länder wird von der Kommission »Verfassungspolitik & Regierungsfähigkeit« die konkurrierende Gesetzgebung angesehen, die stärker zugunsten der Länder
verändert werden soll. Dabei schweben der Kommission

---

[40] Scharpf, Fritz W.: Föderale Politikverflechtung: Was muß man
ertragen - was kann man ändern?
[41] Bertelsmann-Stiftung: Entflechtung 2005. S. 31
[42] Kilper, Heiderose und Roland Lhotta: Föderalismus in der Bundesrepublik Deutschland. S. 202
[43] ebd.

eine Grundsatzgesetzgebung des Bundes sowie Zu-
griffsrechte der Länder bei Einspruchsmöglichkeiten
des Bundes vor. Das Bundesrecht soll nicht mehr Landesrecht brechen, sondern jeder Einzelfall soll anhand
eines »festzusetzenden Kriterienkataloges sowie zu
entwickelnder Verfahrensregeln entschieden werden«[44].
Bundesrecht soll Landesrecht nur dort brechen, wo es
tatsächlich um das Interesse der Gleichwertigkeit der
Lebensverhältnisse gehe.

Grundsätzlich jedoch könnte gerade der letzte Passus
dieser Forderung zu erneuter Politikverflechtung zu
einer Wiederholung der kritisierten Entwicklung führen,
denn bereits die bislang entstandene Politikverflechtung
hatte in erster Linie die Gleichwertigkeit der Lebensverhältnisse zum Ziel.

Mit der Forderung, die Mischfinanzierung abzuschaf-
fen, geht die Kommission »Verfassungspolitik & Regierungsfähigkeit« einen der zentralen Beispiele für Politikverflechtung an. Die Untersuchungen von Fritz W.
Scharpf, Bernd Reissert und Fritz Schnabel zur Politikverflechtung hatten insbesondere die Gemeinschaftsaufgaben als Untersuchungsgegenstand.

So wird konkret in den Vorschlägen der Kommission
»Verfassungspolitik & Regierungsfähigkeit« gefordert,
den Hochschulbau aus den Gemeinschaftsaufgaben
herauszunehmen, komplett in die Länderverantwort-
lichkeit zu stellen und die Steuereinnahmen so umzu-
verteilen, daß die Länder nicht nur die politische Verantwortung, sondern auch die Finanzierung übernehmen
können.[45] Der Bund soll nur noch in Notlagen helfen.

Mit einer solchen Regelung wäre die Situation wieder-
hergestellt, wie sie in etwa vor 1969, also dem Zeit-

---

[44] Bertelsmann-Stiftung: Entflechtung 2005. S. 26
[45] ebd. S. 33-34

punkt der großen Finanzverfassungsreform, vor-
herrschte.

Weitergehend fordert die Kommission einen Landes-
Einkommenssteuertarif, der den Bundesländern stärker
die Möglichkeit gibt, ihre Einnahmen selbst zu gestalten. Dieser Vorschlag erfolgt aus der Erkenntnis, daß
ein Trennsystem bei den Steuern nach Bundes- und
Landessteuern nicht durchsetzbar sei.[46]

Jedoch droht im Falle eines Standortswettbewerbs über
Steuern ein ruinöser Wettbewerb, mindestens aber eine
»progressive Verelendung der anfänglich weniger gut
ausgestatteten Standorte«.[47] Neben der Frage nach dem
Nutzen, den eine Steuerkonkurrenz oder auch nur die
Möglichkeit der Einführung von Hebesetzen bei der
Einkommens- und Körperschaftssteuer durch Länder
und Kommunen haben könnte, müßte auch untersucht
werden, ob im mangelnden Steuerwettbewerb überhaupt
ein Problem liegt. Jedoch hängt die Motivation für eine
effektive Wirtschaftsförderung durch die Landesregierungen und Kommunalverwaltungen nicht vom Steuerwettbewerb ab, sondern vom Wettbewerb um Wähler-
stimmen.[48]

Für Fritz W. Scharpf lenkt die Diskussion über den
Steuerwettbewerb von dem eigentlichen Problem des
deutschen Föderalismus ab, welches nach wie vor die
Gesetzgebungskompetenzen der Länder seien.

Um im internationalen und vor allem auch europäischen
Wettbewerb bestehen zu können, müsse die Schwerfäl-
ligkeit überwunden werden, mit der das Bundesrecht auf
geänderte Sachlagen durch die Politikverflechtung rea-
gieren kann. Zu Auflösung der Politikverflechtung soll

---

[46] ebd. S. 35-36
[47] Scharpf, Fritz W.: Föderale Politikverflechtung: Was muß man
ertragen - was kann man ändern?
[48] ebd.

nun die konkurrierende Gesetzgebung nach Materien durchforstet werden, die auf die Länder rückübertragen werden können, was allerdings schwer durchzusetzen sei.

Statt dessen wird eine Regelung vorgeschlagen, die sich auch bei der Kommission »Verfassungspolitik & Regierungsfähigkeit« wiederfindet, nämlich die Möglichkeit der Länder, bundesgesetzliche Regelungen durch Landesrecht zu ersetzen, wenn der Bund nicht in einer bestimmten Frist Einspruch erhebt.[49] So könnten die Länder im Recht der Wirtschaft eigene Wege gehen und der Bund hätte zu prüfen, ob diese die Einheitlichkeit der Lebensverhältnisse gefährdeten.[50]

Grundsätzlich läßt sich also sagen, daß Elemente der Theorie der Politikverflechtung den Vorschlägen der »Verfassungspolitik & Regierungsfähigkeit« zugrundeliegen. Stärker jedoch wird auf die Theorie der Politikverflechtung Bezug genommen um Vorschläge zu machen, wie diese Probleme aus Sicht der Kommission überwunden werden können. Dabei wird jedoch die Theorie nicht in vollem Umfang aufgegriffen.

Die Problematik der Politikverflechtungsfalle, also der Unwahrscheinlichkeit institutioneller Reformen bedingt durch die Eigeninteressen der Beteiligten, nichts von ihrem Einfluß einzubüßen, soll durch den in Aussicht gestellten Gewinn durch die Reformen für beide Ebenen überwunden werden, welcher in einer stärkeren Unabhängigkeit voneinander besteht.

Vernachlässigt wird jedoch insbesondere der Aspekt der Theorie der Politikverflechtung, daß verflochtene Entscheidungssysteme besser in der Lage sind, Forderungen an das politische System zurückzuweisen, bezie-

---

[49] ebd.
[50] ebd.

hungsweise zu disziplinieren. Auch der Aspekt der Politikverflechtung, daß durch diesen bedingt ein stärkerer Austausch von Informationen zwischen den Ebenen stattfindet, der zwar durchaus schwerfällig ist, jedoch zur Problembearbeitung beiträgt, wird durch die Kommission nicht aufgegriffen.

Die wesentliche Grundlinie der Betrachtungen durch die Kommission ist die Auflösung der Politikverflechtung in erster Linie durch die klare Aufteilung von Kompetenzen an Bund, Länder und Gemeinden.

6. Weitere Sichtweisen auf den Reformbedarf des Föderalismus

Mit den Reformvorschlägen zum deutschen Föderalismus, sowie Diskussionspapieren und die Reformdiskussion begleitenden Pressemitteilungen nimmt die Bertelsmann-Stiftung an den öffentlichen Diskussionen um die Reform der bundesstaatlichen Ordnung teil. Wie gezeigt wurde sieht die Stiftung in der Politikverflechtung zwischen Bund und Ländern ein Problem für die Entscheidungsfähigkeit der politischen Systems in Deutschland.

Verflechtung von Zuständigkeiten, die zu weitgehenden Mitspracherechte des Bundesrates auf Bundesebene, die Gemeinschaftsaufgaben, sowie die Erhebung und Verteilung des Steueraufkommens und die zu engen Handlungsspielräume der Länder werden inzwischen auch von Regierungen, Parlamenten und Parteien beklagt.[51]

Dabei werden diese Tendenzen nicht nur negativ betrachtet. Die als »Unitarisierung« bezeichneten Tendenzen der zunehmenden Konzentration der Gesetzgebung beim Bund werden als Voraussetzung für die Verwirklichung des »Sozialstaates« gesehen und als wichtiger Faktor zur Herstellung von Rechtseinheit und Gleichheit der Lebensverhältnisse. Im Gegenzug dazu gilt die verstärkte Möglichkeit der Landesregierungen über den Bundesrat Einfluß auf die Bundesgesetzgebung zu nehmen als vertikale Gewaltenteilung, die an Bedeutung gewinnt, nachdem die Gewaltenteilung zwischen Exekutive und Legislative an Bedeutung verliert, weil sich nicht mehr Regierung und Parlament, sondern Mehrheitsfraktion und Oppositionsfraktion im Parlament der Zentralebene gegenüberstehen. Insofern wird die Poli-

---

[51] Wissenschaftliche Dienste des Deutschen Bundestages: Föderalismus in der Diskussion. S. 5

tikverflechtung nicht als ein Problem sondern als ein erwünschter Effekt der Machtbegrenzung des Bundes gesehen, für den der Bedeutungsverlust der Landesparlamente ein akzeptabler Preis ist.[52]

Auch die Behauptung, die Länder hätten sich die Einschränkung ihrer Kompetenzen durch die Ausweitung der Zustimmungstatbestände auf Bundesebene ausgleichen, beziehungsweise »abkaufen« lassen, kann kritisch hinterfragt werden. So bewirken bei 81.6% der zustimmungspflichtigen Gesetze die Artikel 84 Abs. 1 GG und Art. 105 Abs. 3 GG die Zustimmungsbedürftigkeit, wobei der Artikel 84 Abs. 1 GG für fast 60% der zustimmungsbedürftigen Gesetze die Grundlage darstellt.

Im Zeitraum von 1981 bis 1999 gingen insgesamt 85.5% der zustimmunngspflichtigen Gesetze auf Grundgesetzartikel zurück, die dort bereits 1949 eingefügt waren.[53]

Auch bedeutet das Mitregieren durch den Bundesrat nicht automatisch eine Politikblockade, wie in der öffentlichen Debatte immer wieder mit fahrlässiger Leichtfertigkeit behauptet wird. Jedoch läßt sich feststellen, daß die Opposition im Bundestag ihr Abstimmungsverhalten im Bundesrat teilweise zu ihrer Strategie gemacht hat.[54] In dieser Perspektive steht der Versuch im Mittelpunkt, die Parteipolitik aus dem Bundesrat herauszunehmen, und diesen zur Interessenvertretung der Länder zu machen, wobei zu klären wäre, wo denn die Grenzen zwischen Landes- und parteipolitischen Interessen verlaufen.

Als Lösung dieses Konfliktes wird die Entflechtung der Aufgaben von Bund und Ländern empfohlen. Denn

---

[52] Wissenschaftliche Dienste des Deutschen Bundestages: Föderalismus in der Diskussion. S. 11
[53] Wissenschaftliche Dienste des Deutschen Bundestages: Föderale Politikverflechtung und ihre Korrektur. S. 7-8
[54] Sturm, Roland: Zur Reform des Bundesstaates. S. 25

wenn die Länder mehr Gesetzgebungskompetenzen hätten entfiele in den entsprechenden Politik-Bereichen die Notwendigkeit zur Kontrolle der Bundesgesetzgebung, was wiederum den Bundesgesetzgeber in den ihm komplett zustehenden Materien vom Zustimmungsbedürfnis des Bundesrates befreien würde,[55] ein Vorschlag, der auch von der Kommission »Verfassungspolitik & Regierungsfähigkeit« der Bertelsmann-Stiftung ins Feld geführt wird.

Eine solche Regelung würde jedoch auch die vertikale Gewaltenteilung einschränken, und hier wäre dann überhaupt zu fragen, ob die Politik-Blockade durch den Bundesrat einen solchen Eingriff rechtfertigte.

Tatsächlich wird die Diskussion um die parteipolitische Rolle der Opposition im Bundesrat schon seit den 70er Jahren geführt, weil seit dieser Zeit zumeist im Bundesrat die Opposition im Bundestag über die Mehrheit verfügte. Einen »Anlaß dafür, die verfassungsrechtlichen Stellschrauben für den Bundesrat neu zu justieren«[56] sah man indes weder in den 70er noch in den 90er Jahren.

Die Möglichkeit zur Blockade ist nicht in den Institutionen als solche angelegt, sondern resultiert aus der jeweiligen Entscheidung der politischen Akteure innerhalb der Institutionen. Die Veto-Punkte, die der Bundesrat bietet, zu nutzen, dient der Milderung von Mehrheitsentscheidungen im Bundestag, wobei die Möglichkeit der Blockade den Zwang zum Kompromiß in einem positiven Sinne verstärken soll, eben als Mittel der vertikalen Gewaltenteilung.[57]

Wirft man einen Blick in die Statistik der Gesetzge-

---

[55] Sturm, Roland: Zur Reform des Bundesstaates. S. 31
[56] Lhotta, Roland: Zwischen Kontrolle und Mitregierung. S. 17
[57] ebd. S. 19

bung, so zeigt sich, daß der Anteil der zustimmungsbedürftigen Gesetze über 50% liegt, wie oben bereits ausgeführt wurde, daß jedoch vor allem inhaltlich Einfluß genommen, aber nicht blockiert wird. Zudem steht noch der Vermittlungsausschuß im Falle einer Entscheidungsblockade zur Verfügung, dessen Tätigkeit eine hohe Erfolgsquote aufweist, »so dass die Zahl der tatsächlich scheiternden Gesetze insgesamt außerordentlich gering ist«.[58]

Insofern wird die Feststellung, daß eine Politikblockade vorlegt, von einigen Autoren widerlegt, die Notwendigkeit einer tiefgreifenden Reform und Änderung des deutschen Föderalismus in Frage gestellt.

---

[58] ebd. S. 20

7. Fazit

Das Aufgreifen der Theorie der Politikverflechtung durch die Kommission »Verfassungspolitik & Regierungsfähigkeit« zeigt, welche Bedeutung diese Mitte der 70er Jahre entwickelte Theorie auch heute noch hat.

Die Reform des deutschen Föderalismus ist indes seit Jahrzehnten ein Thema, mit dem sich in der Vergangenheit bereits zahlreiche Kommissionen befaßt haben. Auch der Begründer der Theorie der Politikverflechtung, Fritz W. Scharpf, sieht nachhaltigen Reformbedarf.

Neben der Frage der Bereiche, die reformiert werden sollen, um sowohl die föderalen Elemente zu stärken als auch die Einheitlichkeit der Lebensverhältnisse im Gesamtstaat zu gewährleisten, stellt sich die Frage nach der Durchsetzbarkeit von Reformen im System selbst. Zu dieser Frage entwickelte Fritz W. Scharpf die Theorie der Politikverflechtungsfalle, nach der institutionelle Reformen innerhalb des Systems eher unwahrscheinlich sind.

In Anbetracht dessen müssen bei institutionellen Reformen zwei Dinge beachtet werden: »Die Vorschläge müssen auf eine zutreffende Diagnose des Zusammenhangs zwischen den Erfordernissen der sachlichen Politik und den diesen entgegenstehenden institutionellen Hindernissen gegründet werden; und noch wichtiger: die Vorschläge müssen im Prinzip innerhalb der gegebenen institutionellen Struktur und mit den darin handelnden Akteuren realisierbar sein«.[59]

So hat sich im Oktober 2003 die Kommission von Bundestag und Bundesrat gegründet, die sich die Reform

---

[59] Scharpf, Fritz W.: Föderale Politikverflechtung: Was muß man ertragen - was kann man ändern?

des Föderalismus zum Ziel gesetzt hat. Vertreter der Bundes- und Landesebene werden dabei von Wissenschaftlern, unter ihnen Fritz W. Scharpf, beraten und bringen darüber hinaus die eigene Kompetenz in diesen Fragen ein. Die Ergebnisse der Kommission sollen Ende des Jahres 2004 vorgelegt werden, und es wird interessant sein zu sehen, welche Vorschläge sich durchgesetzt haben, und welche theoretischen Grundlagen sich Bahn gebrochen haben - und welche am Ende auch umgesetzt werden.[60]

In den verschiedenen Ansätzen wird jedoch auch sichtbar, daß die Gewichtung von Reformen auch stets eine Frage des eigenen Standpunktes sind. »Reform an sich ist kein Signum »guten« Regierens, dem man mit fragwürdigen Legitimitätskriterien hinterherhecheln muss. Es ist einer der Grundgedanken des Bikameralismus und der Mischverfassung, einer solchen kurzatmigen (Reform-)Politik ein retardierendes und moderierendes Element beizufügen. In der gegenwärtigen Reformdiskussion könnte eine Rückbesinnung auf dieses Prinzip nicht schaden«.[61]

---

[60] In einem Interview mit der Süddeutschen Zeitung zeigte sich der nordrhein-westfälische Ministerpräsident Peer Steinbrück skeptisch: »Ich mach keinen Hehl daraus, dass ich im Augenblick ein wenig verhalten bin, weil ich fürchte, daß die Debatte wieder im kleinsten Karo landet.« Auch in der Frage der Finanzbeziehungen sei noch keine Lösung in Sicht. Steinbrück: »In der Tat, da geht es ans Eingemachte, um den Zugriff auf die Einnahmequellen. Die Kommission hat noch keine Lösungen, aber sie muss welche finden.« (»Die Debatte wird wieder im kleinsten Karo landen« in: Süddeutsche Zeitung Nr. 200, Montag, 30. August 2004, Seite 5)

[61] Lhotta, Roland: Zwischen Kontrolle und Mitregierung. S. 22

Literaturverzeichnis

Bertelsmann Stiftung (2000): Entflechtung 2005. Zehn Vorschläge zur Optimierung der Regierungsfähigkeit im deutschen Föderalismus. Gütersloh. http://www.bertelsmann-stiftung.de/medien/pdf/Entflechtung2005.pdf

Deutscher Bundestag (Hrsg.): Grundgesetz. Stand: September 2002. Berlin 2002

Kilper, Heiderose/Lhotta, Roland (1996): *Föderalismus in der Bundesrepublik Deutschland*. Opladen: Leske + Buderich.

Lhotta, Roland (2003): »Zwischen Kontrolle und Mitregierung. Der Bundesrat als Oppositionskammer?« in Aus Politik und Zeitgeschichte, 20. Oktober 2003, B 43, S. 16-22 http://www.bpb.de/system/files/pdf/0T1NW5.pdf (15.12.2018)

Scharpf, Fritz W. (1999): »Föderale Politikverflechtung: Was muß man ertragen - was kann man ändern?« in: MPIfG Working Papers 99/3. April 1999 http://www.mpi-fg-koeln.mpg.de/pu/workpap/wp99-3/wp99-3.html (15.12.2018)

Scharpf, Fritz W./Reissert, Bernd/Schnabel, Fritz (1976 a): *Politikverflechtung: Theorie und Empirie des kooperativen Föderalismus in der Bundesrepublik*. Kronberg.

Scharpf, Fritz W.: (1994): *Optionen des Föderalismus in Deutschland und Europa*. Frankfurt/Main; New York.

Sturm, Roland (2003): »Zur Reform des Bundesrates. Lehren eines internationalen Vergleichs der Zweiten Kammern« in Aus Politik und Zeitgeschichte, 14. Juli

2003, B 29-30, S. 24-31 http://www.bpb.de/system/files /pdf/K31N0W.pdf (15.12.2018)

Süddeutsche Zeitung Nr. 200 vom 30.08.2004: »Die Debatte wird wieder im kleinsten Karo landen«, Seite 5

Wissenschaftliche Dienste des Deutschen Bundestages (2003 a): Föderalismus in der Diskussion - Aktuelle Reformvorschläge aus dem politischen Raum vor dem Hintergrund der Verflechtungsdebatte. http://www.bundestag.de/bic/analysen/2003/2003_10_1 31.pdf

Wissenschaftliche Dienste des Deutschen Bundestages (2003 b): Föderale Politikverflechtung und ihre Kor-rektur. http://www.ortwin-runde.de/pdf/21.pdf

Weitere Bücher von Udo Ehrich:

- **Wahlen?** Welche Reformen braucht das Wahlrecht?

- **INSM & Co** – Wie die Wirtschaft unser Bewußtsein steuern will.

- **Unbewältigte NS-Vergangenheit** – Die Entnazifizierung von Polizei und Justiz sowie die Anwendung des Art. 131 Grundgesetz.

- **Die Dreyfus-Affäre, der Hitler-Putsch und die 131er** – Drei Seminararbeiten zum Thema Drittes Reich und Antisemitismus.

- **Paradigmenwechsel in der Sozialpolitik der rot-grünen Regierung** - Betrachtung eines Paradigmenwechsels im System der Bundesrepublik unter Einbeziehung von Parteiendifferenz und Vetospieler-Theorie.

- **Die INSM zwischen interessengebundener Ideenagentur und Lobbygruppe** – Master-Arbeit im Studienfach Politische Kommunikation.

Alle Bücher sind auch als E-Bücher erhältlich.